KOMM, WIR SCHNITZEN

Einfache Projekte für Kinder ab 6 Jahren

INHALT

SCHNITZEN leicht gemacht

Die meisten Kinder sind stolz auf ihr erstes Messer, haben viel Spaß beim Schnitzen und freuen sich über ihre selbst gefertigten Modelle. Damit Verletzungen die Freude nicht trüben, sollten Eltern ihre Kinder bei den ersten Schnitzversuchen begleiten und ihnen immer wieder zeigen, was sie zu ihrer eigenen Sicherheit und zur Sicherheit ihrer Freunde beachten müssen.

Die Kinder können mit einfachen Modellen beginnen, zum Beispiel einen Stock aus Grünholz verzieren, und dann nach und nach Tiere und Figuren aus Balsa- oder Lindenholz schnitzen. Dabei lernen sie auch, sich zu konzentrieren und mit Ausdauer an einer Sache dranzubleiben.

Dieses Buchprojekt ist etwas ganz Besonderes, weil so viele fleißige Helfer daran mitgearbeitet haben. Die Kinder der „Kinder- und Jugendfarm Rödermark" (www.jugendfarm-roedermark.de) haben mit viel Begeisterung und Geschick jedes einzelne Modell dieses Buches zur Probe geschnitzt.

Vielen Dank an Joanna, Manuel, Tiziano, Aaron, Lewin, Mina, Till, Ole, Simon, Jannis, Nika und Lisa. Ihr wart super!

Viel Spaß und viel Erfolg beim Schnitzen!

Mareike Grün ist Diplom-Kommunikationsdesignerin (FH), erfolgreiche Kreativbuchautorin von inzwischen 20 Titeln und freischaffende Künstlerin. Sie ist Mitglied der Künstlergruppe KiR (Kunst in Rödermark). Mit dem Label „Zaubereike" ist Mareike Grün seit Anfang 2015 Autorin eines Kreativblogs und führt einen erfolgreichen Shop mit selbst gestalteten, hauchfein gelaserten Stempelchen auf „DaWanda". Weitere Informationen zur Autorin: www.zaubereike.de

SCHNITZMESSER

Es gibt viele verschiedene Messer, die sich für das Schnitzen gut eignen. Vielleicht hast du ja bereits ein Messer, mit dem du gut umgehen kannst.

Wir haben mit dem Opinel-Klappmesser für Kinder geschnitzt. Seine abgerundete Klinge lässt sich sicher einklappen, sodass du es auch in eine Tasche stecken oder in der Hand tragen kannst.

Zum Öffnen drehst du den Sicherungsring, bis die offene Stelle direkt über der Klinge liegt.

Dann kannst du mithilfe der Kerbe an der Klingenoberkante das Messer ausklappen. Vorsicht, die Klinge ist wirklich scharf. Berühre sie nicht mit den Fingern.

Zum Sichern drehst du nun den Ring wieder fest zur Seite. Nun kann die Klinge beim Arbeiten nicht versehentlich einklappen.

4

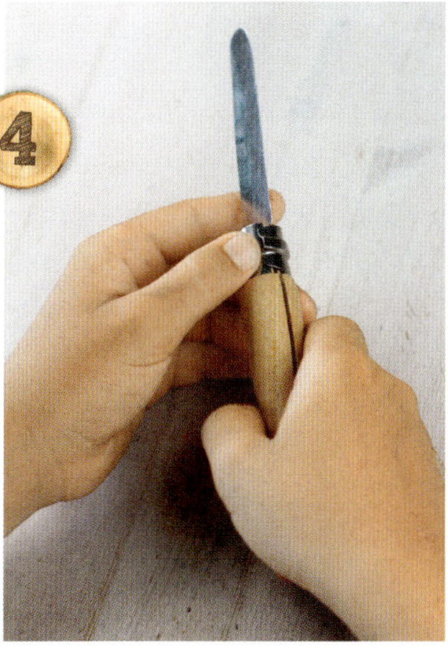

Wenn du eine Pause machen möchtest oder fertig bist, klappst du dein Messer wieder zusammen. Dazu drehst du den Sicherungsring wieder auf und klappst die Klinge in den Griff. Du kannst sie dazu mit der Klingenoberseite auf einen Tisch oder Baumstamm drücken, dann geht es leichter.

5

Achte beim Zusammenklappen ganz besonders auf deine Finger, sie dürfen den Griff jetzt nicht ganz umfassen! Halte immer Abstand zu dem Spalt, in dem die Klinge verschwinden soll.

6

Drehe den Sicherungsring wieder zur Seite, bevor du aufstehst oder das Messer an jemanden weitergibst.

7

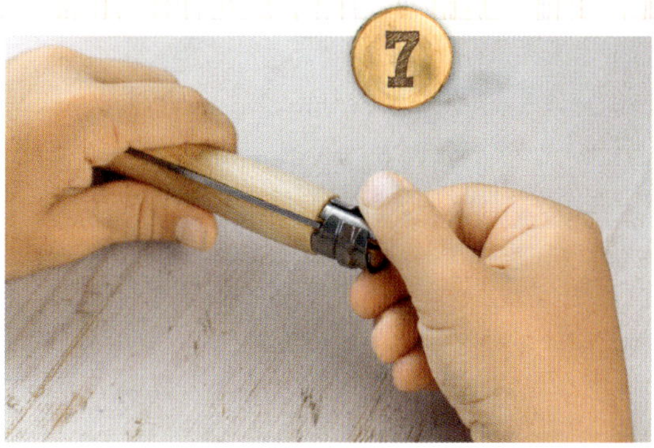

HOLZ UND ANDERE SCHNITZMATERIALIEN

Grünholz

Frische Äste sind zum Schnitzen gut geeignet. Du findest sie beispielsweise im Garten nach dem Grünschnitt oder im Wald, wenn Bäume gefällt wurden. Je länger ein Ast nach dem Schnitt liegt, desto trockener und dunkler wird das Holz – und desto fester wird es.

Lindenholz

Lindenholz ist eines der weichsten professionellen Schnitzhölzer, die im Fachhandel erhältlich sind. Trotzdem ist es um einiges härter als Grünholz. Du solltest also schon etwas Übung haben, wenn du dich an deine erste Lindenholzfigur wagst.

Trockene, alte Äste

Äste, die schon sehr lange im Wald liegen, sind zum Schnitzen nicht geeignet. Sie haben oft bereits Risse, sind morsch und verwittert.

Tipp

Um die Schnitzschnitte auszuprobieren oder um zu testen, wie dreidimensionale Figuren am besten angefertigt werden, kannst du prima Kartoffeln, Karotten oder Kohlrabi als Übungsmaterial verwenden. Die daraus entstandenen Werke sind zwar leider nicht sehr haltbar, dafür ist bei Karotte und Co. naschen erlaubt.

Balsaholz

Balsaholz ist für Einsteiger eine gute Alternative. Das Holz eines Balsabaums ist im Kern des Stammes fester, zur Rinde hin wird es immer weicher. Deshalb ist es in verschiedenen Härtegraden erhältlich. Das ganz weiche Holz von der Stammaußenseite ist allerdings fast zu weich und zu faserig zum Schnitzen. Es bricht sehr leicht. Aber eine mittlere Härte eignet sich wunderbar für erste Schnitzversuche.

Kork

Einfache Formen lassen sich auch aus Kork sehr gut schnitzen. Schleifblöcke (um die normalerweise Schleifpapier gewickelt wird) aus dem Baumarkt sind zum Beispiel sehr gut geeignet. Wegen der krümeligen Struktur des Korks eignet er sich allerdings nicht für sehr feine Arbeiten; außerdem sollte beim Bearbeiten das Schnitzmesser immer ganz besonders scharf sein.

Hartschaumblock und Styrodur®

Zum Schnitzen kannst du außerdem spezielle **Hartschaumblöcke** verwenden; sie sind im Fachhandel für Künstlerbedarf erhältlich. Ein **Hartschaumblock** lässt sich etwas leichter bearbeiten als Schnitzholz.

Noch besser zu bearbeiten ist **Styrodur®** (in verschiedenen Farben erhältlich). Der Umwelt zuliebe solltest du aber gleich während des Schnitzens die abgeschnittenen Stücke immer wieder einsammeln; denn dieses Material ist so leicht, dass die Stücke beim kleinsten Windhauch sofort davonfliegen.

GRUNDREGELN UND SICHERHEITSHINWEISE

Schnitzen macht total viel Spaß. Trotzdem musst du einige Grundregeln beachten, wenn du mit einem scharfen Schnitzmesser arbeitest. Schließlich sollen Stöcke und Holzstücke geschnitzt werden – und nicht deine Finger. Darum vorab einige wichtige Hinweise, die du unbedingt beachten solltest!

Das Schnitzmesser muss immer scharf sein! Ein stumpfes Messer schneidet nicht so gut, und du brauchst mehr Kraft. Dadurch hast du eventuell weniger Geschick und kannst nicht gut arbeiten. Außerdem: Wenn du doch einmal abrutschen solltest, dann schneidest du dich tiefer, weil du fester aufs Messer gedrückt hast. Also prüfe vorab, ob dein Messer richtig scharf ist.

Messerschärfe testen

Wickle einige Blätter Küchenpapier zu einer festen Rolle auf, lege sie auf den Tisch und ziehe das Messer mit wenig Druck darüber. Wenn das Messer tief einschneidet, ist es scharf.

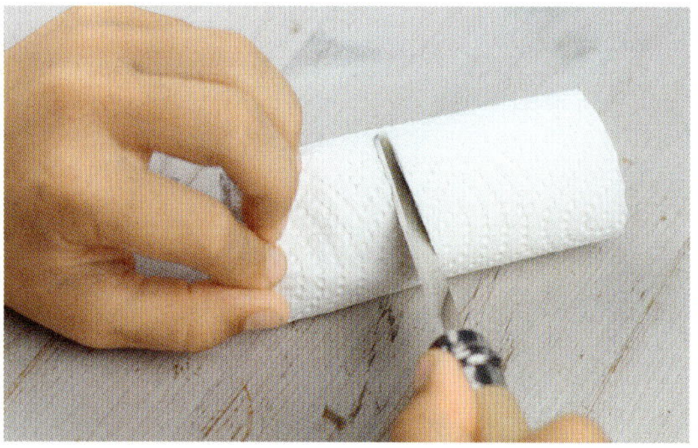

Wenn dein Messer nicht scharf ist, solltest du es schärfen. Dazu benötigst du zum Beispiel einen Arkansas-Schleifstein und Schleiföl. Tropfe etwas Öl auf den Stein und reibe mit der in einem ganz flachen Winkel aufgelegten Klinge (nicht ganz auflegen!) über den Stein. Zuerst von der einen, dann von der anderen Seite. Wische das Öl sehr vorsichtig ab und wiederhole den Schärfetest.

Tipp

Wenn du schnitzt, solltest du immer ein sauberes Tuch, ein Pflaster und eine Schere griffbereit haben. Wenn du dich doch einmal schneidest, kannst du den Schnitt gleich mit einem Pflaster versorgen. Wenn du die folgenden Grundregeln beachtest, wird es dazu aber bestimmt nicht kommen!

Grundregeln

Suche dir immer einen Platz, an dem du sicher und stabil sitzen kannst. Also keine wackligen Bänke oder Steine auswählen, sondern einen festen Baumstamm oder eine fest stehende Bank – je nachdem, wo du schnitzen möchtest. Setze dich möglichst breitbeinig hin und schnitze zwischen den Beinen. Die Arme kannst du dabei auf deinen Oberschenkeln ablegen. Besonders beim Schälen und Bearbeiten von Stöcken kannst du in dieser Haltung am besten schnitzen.

Wenn du mit anderen Kindern zusammen schnitzen möchtest, dann achte darauf, dass ihr genügend Platz um euch herum habt. Streckt eure Arme aus und rutscht so lange auseinander, bis ihr euch nicht mehr berühren könnt. Mit diesem Sicherheitsabstand könnt ihr euch beim Schnitzen auch nicht versehentlich gegenseitig schneiden.

Beim Schnitzen wird zwischen der haltenden und der schnitzenden Hand unterschieden. Die schnitzende Hand ist meist die rechte Hand (beim Linkshänder die linke), mit der du schreibst oder malst. Sie umfasst ganz fest das Schnitzmesser. Mit der anderen Hand hältst du dein Holzstück richtig fest. Achte darauf, dass die Finger deiner haltenden Hand beim Schnitzen nicht im Weg sind. Am besten immer hinter der Stelle greifen, an der du die Klinge ansetzt!

Eine der wichtigsten Regeln lautet:
Schnitze immer vom Körper weg!
Dann kannst du den Schwung des Messers richtig ausnutzen, ohne Angst haben zu müssen, dir zum Beispiel in die Finger zu schneiden.
Auf den folgenden Seiten kannst du dir die wichtigsten Schnitzschnitte anschauen. Hier erfährst du auch genau, wie die korrekte Handhaltung aussieht.

Schnitzschnitte

Beim Schnitzen mit einem Klapp- oder Taschenmesser kommst du mit zwei einfachen Grundschnitten aus: dem Schälschnitt und dem Kerbschnitt. Bei beiden Schnitten ist es wichtig, die Klinge nicht gerade nach vorne zu drücken, sondern leicht zur Seite zu ziehen. Dann schneidet sie besser. Das kannst du wieder mithilfe einer Küchenpapierrolle ausprobieren:

Setze die Klinge auf die Rolle und drücke sie gerade nach unten. Merkst du, wie fest du drücken musst, um das Papier einzuschneiden?

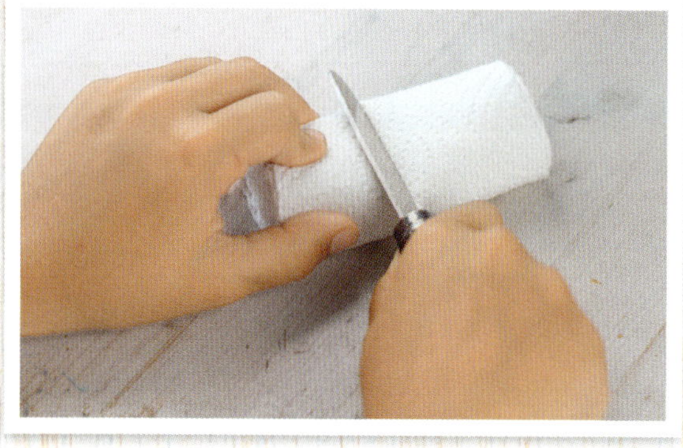

Ziehe die Klinge mit leichtem Druck von einer zur anderen Seite – so schneidet sie viel leichter!

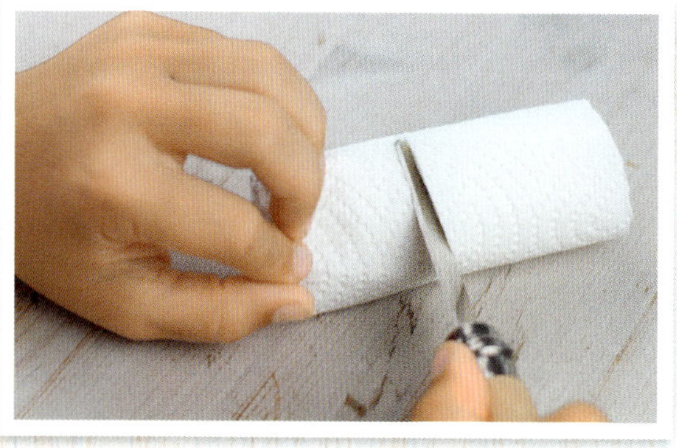

Stöcke/Grünholz schnitzen

Beim **Schälschnitt** setzt du also die Klinge nahe des Griffs an und ziehst sie mit etwas Druck nach vorne und gleichzeitig zur Seite (als Rechtshänder nach rechts, als Linkshänder nach links). Auf diese Weise kannst du die Rinde frischer Äste abschälen, aber auch Äste an einer Seite abflachen.

Die Rinde lässt sich sehr leicht abschälen, da sie meist sehr weich ist. Holz abzuschälen ist etwas mühsamer, da es fester ist. Schneide immer nur ganz feine Späne ab. Je dicker die Stücke sind, die du abschneiden möchtest, desto schwerer geht es! Deshalb: Lieber viele kleine Scheibchen nacheinander abschälen.

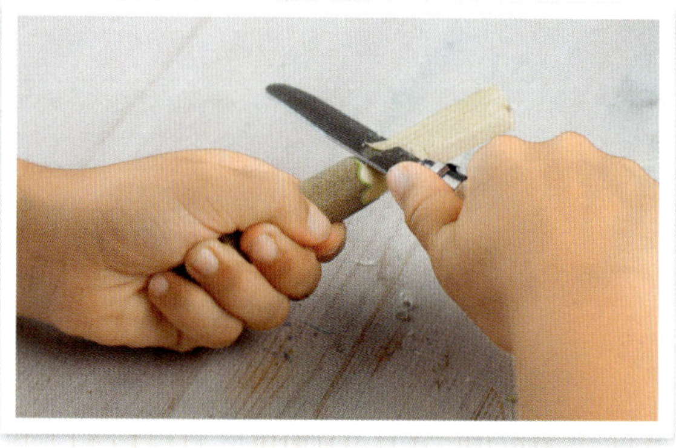

Schneide rund um den Ast zwei Linien parallel ein und schäle den Rindenstreifen dazwischen ab. Auf diese Weise erhältst du gerade Kanten.

Um die Kerbe zu vergrößern und zu verbreitern, schälst du auf beiden Seiten weitere feine Scheibchen ab.

Für einen **Kerbschnitt** schneidest du V-förmig mit zwei Schnitten ins Holz: Schneide den ersten Schnitt schräg von dir weg ins Holz ein, drehe dann den Ast um und schneide von der anderen Seite ein, bis sich die Schnitte treffen. Nun kannst du den kleinen Keil im Inneren herausnehmen. Schneide nicht zu tief, sondern vergrößere die Kerbe lieber nach und nach mit weiteren Schnitten.

Soll die Kerbe rund um den Ast verlaufen, beginnst du auf einer Seite und arbeitest dich dann mit kleinen Schritten, also vielen nebeneinandergesetzten V-Schnitten, um den Ast herum.

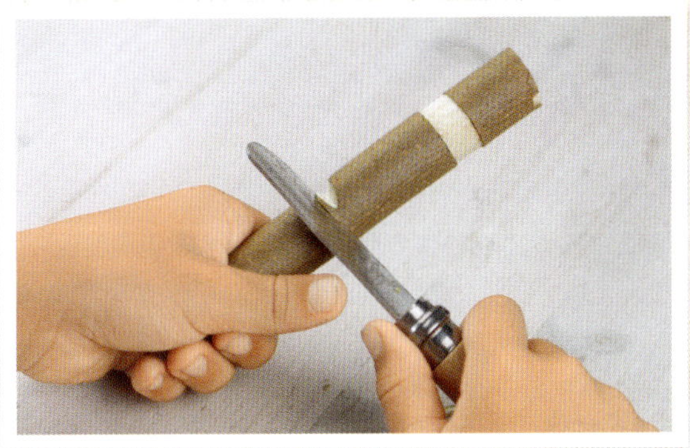

Schnitzholz (Lindenholz, Balsaholz) bearbeiten

Um eine Figur aus einem Holzquader zu schnitzen, verwendest du die gleichen Schnitte wie beim Schnitzen von Ästen. Beginne mit **Schälschnitten** immer an einer Kante, damit du möglichst schmale Holzspäne abschneiden kannst. Denn das Schneiden wird schwerer, je dicker und je breiter der Holzspan wird. Wenn du eine ganze Fläche abtragen möchtest, ist es also die beste Lösung, von beiden Seiten zur Mitte hin zu arbeiten. So kannst du immer schmale und dünne Stücke abschneiden.

Arbeite am besten immer in Richtung der Holzfasern. Gegen die Fasern zu schnitzen, ist viel schwerer. Führe, wo es sich nicht vermeiden lässt, viele ganz feine Schnitte quer zur Faserrichtung aus – und versuche nicht, größere Stücke abzuschnitzen.

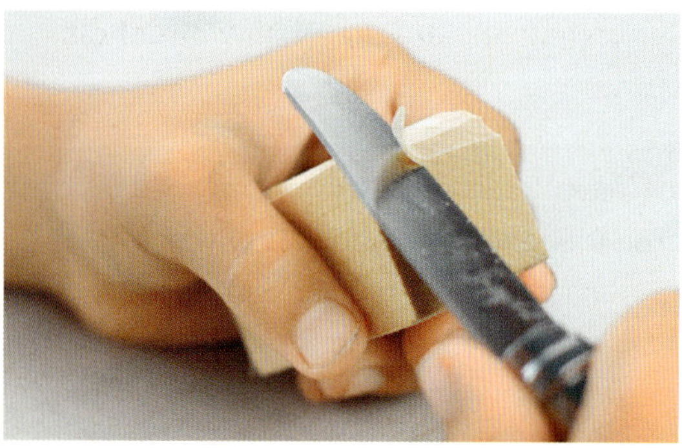

Auch bei **Kerbschnitten** kannst du es dir leicht machen, wenn du mit ganz kleinen Einschnitten an den Kanten beginnst. Die kannst du dann nach Bedarf vertiefen, verlängern und verbreitern, indem du immer weiter feine Stücke abschneidest.

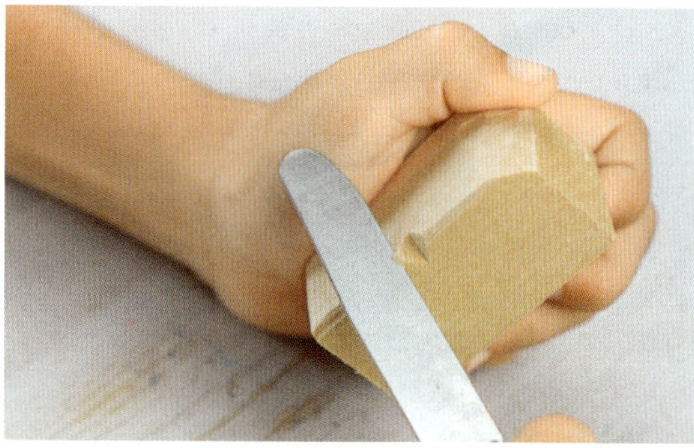

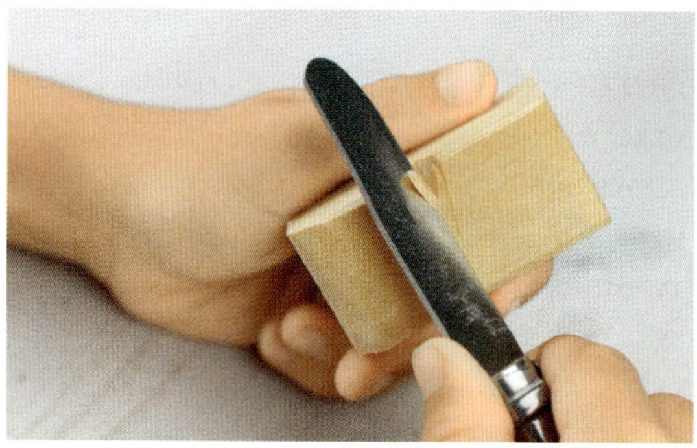

MODELLE BEMALEN

Holz lässt sich prima bemalen. Du musst also nicht immer jedes kleine Detail schnitzen, sondern kannst zum Beispiel Augen und Schnabel bei Eule, Pinguin und Vögelchen einfach aufmalen. Außerdem sieht ein geschnitztes Kunstwerk farbig auch sehr schön aus.

- Sehr gut eignet sich die Farbe aus deinem **Schulmalfarbkasten**. Du kannst sogar unterwegs, zum Beispiel im Wald, damit malen; dann solltest du jedoch Wasser in einem Schraubdeckelglas mitnehmen. Lass die Farben im Malkasten trocknen, bevor du ihn wieder zuklappst, und spüle die Pinsel mit Wasser noch einmal gut aus, wenn du wieder zu Hause bist.

- Wenn du möchtest, dass deine Farbe beim Trocknen wasserfest wird, dann verwende am besten **Acrylfarben**. Damit kannst du auch die Schmuckanhänger oder die Schiffchen bemalen.

- Eine sehr einfache Lösung – besonders für unterwegs – sind **wasserfeste Filzstifte**. Allerdings wird die Farbe auf dem Holz schnell recht dunkel, da es viel Farbe aufsaugt.

- Spezielle **Farbmalstifte für Holz** enthalten deckende Farben, die ebenfalls wasserfest eintrocknen, aber leuchtend bunt bleiben.

So sehen die verschiedenen Farben auf den verschiedenen Hölzern aus!

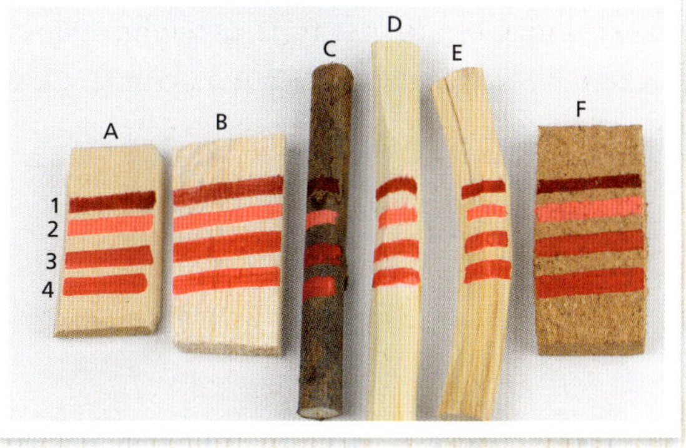

Farben

1 wasserfester Stift
2 Farbmalstifte für Holz (z. B. Deco-Pen)
3 Schulmalfarben/Deckfarben
4 Acrylfarben

Hölzer

A Lindenholz
B Balsaholz
C Grünholz mit Rinde
D sehr frisches, noch feuchtes, geschältes Grünholz
E schon getrocknetes, geschältes Grünholz
F Kork

Auf verschiedenen Hölzern kann die gleiche Farbe immer wieder anders aussehen. Je feiner die Holzfasern sind, desto gleichmäßiger wird der Farbauftrag. Dagegen kann die Farbe auf sehr frischem, noch feuchtem Grünholz leicht auslaufen. Teste vorab an einem Holzrest aus, wie die von dir ausgewählte Farbe darauf aussieht.

STÖCKE

Super geeignet für allererste Schnitzversuche sind möglichst frische Grünholzstecken. Du findest sie zum Beispiel im Garten nach dem Grünschnitt oder im Wald, wenn Bäume gefällt wurden.

Stöcke schnitzen

Zunächst suchst du dir ein möglichst gerades Aststück in beliebiger Länge und schnitzt los. Du kannst an diesem Stock alle Schnitzschnitte üben! Schnitze zum Beispiel Muster in die Rinde, indem du einige Teile davon entfernst und andere stehen lässt.

1

Tipp

Wenn du mit anderen Kindern zusammen schnitzen willst, dann achte darauf, dass ihr am besten versetzt gegenüber an einem Tisch sitzt; eure ausgestreckten Arme sollten sich nicht berühren. So könnt ihr euch nicht versehentlich mit den Messern gegenseitig schneiden.

Eine gerade Kante erhältst du, wenn du um den Ast herum einschneidest …

2

… und die Rinde dann mit kleinen Schälschnitten entfernst.

3

Speere schnitzen

Mit dem Schälschnitt kannst du deinen Stock auch anspitzen wie einen Speer. Aber Vorsicht! Jetzt kannst du dich und andere damit verletzen.

1

Verziere den Speer mit eingeschnitzten Ringen und Mustern, damit du ihn immer wiedererkennst.

2

Mit der Speerspitze nie auf dich selbst oder auf andere zielen, sondern den Speer nur in freies Gelände werfen.

3

STOCKENDEN

Mit ein klein wenig Übung kannst du nicht nur Muster in die Rinde von frischen Stecken schälen, sondern auch richtige Figuren in die Enden schnitzen.

Suche dir einen Ast aus, an dem noch grüne Blätter sind – denn er ist noch nicht eingetrocknet und lässt sich leicht schnitzen. Schneide mit einer Gartenschere oder einer Astsäge ein möglichst gerades Stück ohne Verzweigungen ab. Du kannst aus dem Ende zum Beispiel einen Tannenbaum oder einen Pilz schnitzen.

Tannenbaum

Spitze ein Ende deines Astes mit feinen Schälschnitten anund füge dann einige Kerben rund um den Ast hinzu. Schneide dazu einige Millimeter gerade in den Ast hinein und schräge das untere Teil zum Schnitt hin ab.

1

Am „Stamm" kannst du die Kerbe etwas tiefer einschneiden.

2

Pilz

Runde ein Ende deines Steckens mit feinen Schälschnitten ab und schneide einmal rundum gerade in den Stock hinein.

1

Schäle dann das Holz von unten her zum Schnitt hin schräg ab.

2

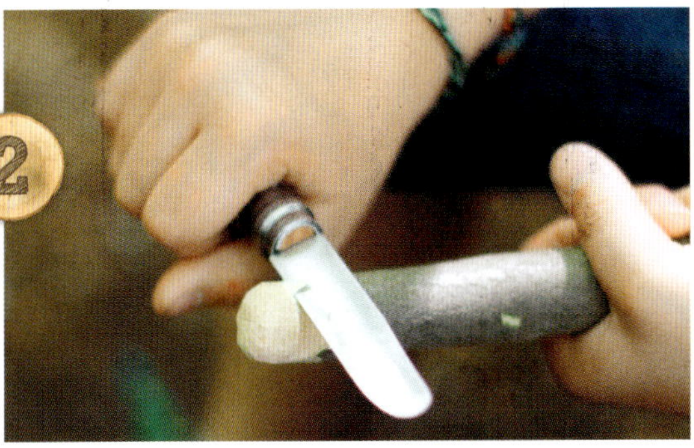

Du kannst auch noch andere Motive ausprobieren!

Motive bemalen

Wenn du mehrere Farben übereinandermalen möchtest, lass die untere immer erst trocknen, bevor du eine weitere Farbe aufträgst.

SPIELSTEINE

Lade andere Kinder zum Tic-Tac-Toe-Turnier ein – und schnitzt euch eure Spielsteine selbst.

Schneide dir mit einer Astsäge fünf etwa gleich dicke Scheiben von einem frischen Ast ab. Eine Gartenschere ist hier nicht so gut geeignet, da die Scheiben beim Abschneiden damit leicht in der Mitte aufbrechen.

Schnitze jeweils das gleiche Muster in die Oberseite deiner fünf Astscheiben …

… und bemale sie anschließend. Am besten sind hier spezielle Farbmalstifte für Holz geeignet, da die Farbe gut deckt und wasserfest trocknet. Der Vorteil: Die Spielfiguren färben später nicht ab. Jeder Mitspieler braucht fünf etwa gleich aussehende Spielsteine. Wer mit dem Schnitzmesser noch nicht so sicher umgehen kann, sägt sich Holzscheiben ab und bemalt sie direkt.

Das Spielfeld entsteht aus vier Stöckchen, die du mit Grashalmen zusammenbindest.

Tic-Tac-Toe – die Spielregeln

Es spielen immer zwei Spieler gegeneinander, jeder hat fünf Spielsteine. Das Spielfeld besteht aus neun Feldern – drei Reihen mit je drei Feldern. Abwechselnd legen die Spieler je einen Spielstein auf das Spielfeld. Ziel ist es, drei der eigenen Steine in eine Reihe zu legen (senkrecht, waagerecht oder diagonal). Wer das als Erster schafft, hat gewonnen!

Und dann geht es los: Jeder spielt gegen jeden. Wer erringt die meisten Siege?

FISCHE

Fische kannst du – wegen ihrer langen und dünnen Form – super aus Stöcken schnitzen! Wer mit dem Messer noch nicht so gut umgehen kann, übt erst einmal mit einem weicheren Material, zum Beispiel einer Karotte. Ihre „stockähnliche" Form eignet sich prima zum Schnitzen von ganzen Fischschwärmen – die du anschließend aufessen kannst!

Fische aus Karotten

Beim Schnitzen einer Karotte benötigst du viel weniger Kraft als beim Schnitzen von hartem Holz. Deshalb kannst du die Karotte beim Arbeiten auf die Arbeitsfläche eines Tisches legen. So hast du für den Anfang mehr Geschick beim Üben von Schäl- und Kerbschnitten. Wenn es gut klappt, versuche es auch einmal ohne Auflegen.Flache deine Karotte an beiden Seiten über die komplette Länge etwas ab.

An der Schwanzflosse sollte sie besonders dünn sein.

Schneide eine Kerbe in die Mitte der Schwanzflosse und schnitze vor der Flosse von oben und unten jeweils eine Kerbe in die Karotte, um sie vom Körper abzugrenzen.

Schräge den Kopf deines Fisches von oben und unten noch etwas ab und schnitze ihm von vorne eine kleine Kerbe als Maul ein.

Schnitze mehrere Fische – dabei wirst du feststellen, dass jeder Fisch anders aussieht!

Anleitung „Fische aus Grünholz" auf den Seiten 24/25.

Fische aus Grünholz

Schäle die Rinde von einem kurzen Stock rundherum ab.

Flache für die Schwanzflosse ein Ende von vorn und hinten ab.

Zwei Kerben – oben und unten – teilen deinen Stock in Schwanzflosse und Fischkörper.

Eine weitere Kerbe in der hinteren Kante der Schwanzflosse bringt diese in Form.

Schräge jetzt noch das andere Ende des Stocks, also den Fischkopf, mit Schälschnitten etwas ab. Schnitze zuletzt ganz vorne am Kopf eine kleine Kerbe als Fischmaul ein.

5

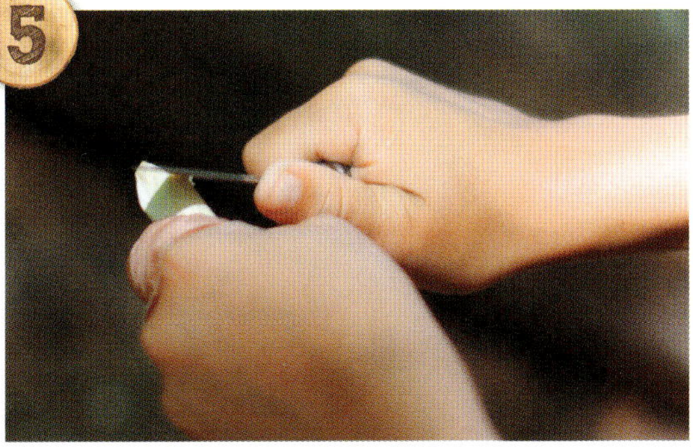

Du kannst mehrere Fische schnitzen – mit etwas unterschiedlichen Formen.

6

FLEDERMAUS

Zu Halloween gehören Fledermäuse mit weit ausgebreiteten Flügeln einfach dazu. Du kannst dir so einen gruseligen Gesellen auch aus einem Stück Holz schnitzen und zur Halloween-Party als Kette umhängen. Übe die Form vorher an einem Stück Karotte; vor allem die Zacken der Flügel exakt auszuschneiden, ist nicht so einfach.

Schneide die beiden Enden einer Karotte ab und schäle mit dünnen Schnitten zwei gegenüberliegende Seiten flach, sodass eine lange Karottenscheibe entsteht.

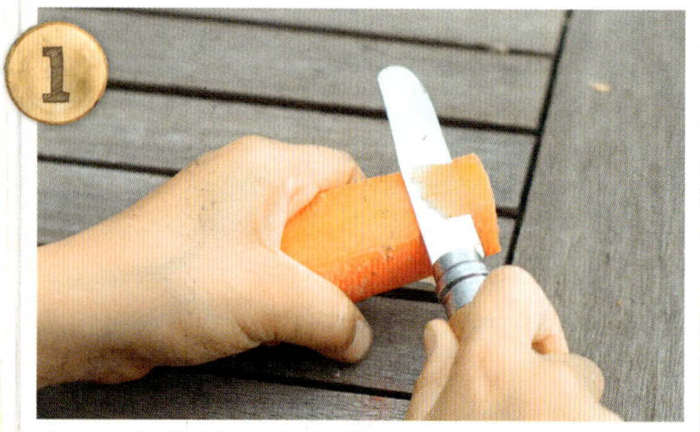

Schneide von oben zweimal parallel in die Karotte hinein.

Schneide von rechts und links jeweils einen Streifen bis zu den eben gesetzten Einschnitten heraus. Das geht bei einer Karotte am Stück – wenn du die Fledermaus aus Holz arbeiten möchtest, musst du an dieser Stelle viele kleine Schälschnitte ausführen!

AUS EINER KAROTTE

Schräge die Flügel unten zur Mitte hin ab. Auch hier gilt wieder: Bei der Karotte lässt sich das am Stück schneiden, bei Holz führen viele feine Schälschnitte am schnellsten zum Ziel.

Schnitze eine Kerbe oben in den Kopf – so erhältst du die typischen, großen Fledermausohren.

Wenn du magst, kannst du die Unterkante der Flügel nun noch zackig oder wellig schneiden.

Fertig ist deine Fledermaus!

Tipp

Für eine Kette schnitzt du zunächst aus einem flachen Buchenholzbrettchen (ca. 3 cm breit, 5 cm lang und 7 mm dick) eine Fledermaus, bohrst anschließend zwei Löcher in die Flügel (lass dir dabei von einem Erwachsenen helfen) und ziehst durch jedes Loch eine farbige Schnur. Jetzt kannst du dir das Motiv als Kette umhängen!

HALSKETTE

Aus Holzscheibchen und kleinen Aststückchen hast du im Nu schöne Ketten gemacht. Für dich selbst oder als kleines Geschenk für deine beste Freundin oder deinen besten Freund.

Astscheiben

Zuerst mit der Säge kleine Scheiben von einem Ast absägen. Bohre in ein Astscheibchen mit dem Kastanienbohrer ein Loch, damit du später eine Schnur hindurchziehen kannst. Drehe den Bohrer dazu immer wieder ein Stück weit ins Holz – und ziehe ihn dann wieder heraus. Auf diese Weise langsam fortfahren, bis der Bohrer auf der gegenüberliegenden Seite wieder aus dem Holz herauskommt. Wenn du das Loch in einem Zug durchbohrst, kann es sein, dass deine Holzscheibe bricht.

1

Schnitze anschließend Muster in die Rinde deiner Holzscheibe …

2

… oder bemale sie mit wasserfesten Stiften.

3

Aststücke

Schnitze eine Kerbe in ein kleines Aststückchen; in die Kerbe knotest du dann später eine Schnur. Du kannst das Aststückchen aber natürlich auch mit dem Kastanienbohrer durchbohren.

Schnitze kleine Muster in die Rinde …

… und bemale dein Aststückchen mit wasserfesten Filzstiften.

Zum Schluss fädelst du die die bemalten Astscheiben und Aststückchen auf eine Schnur. Wenn du Kerben in Stöckchen geschnitzt hast, knote die Schnur in der Kerbe fest. So entstehen wunderschöne Ketten!

PINGUINE

Kleine niedliche Kerle in ihrem typischen schwarz-weißen „Frack". Aus einem Aststück kannst du ganz leicht einen Pinguinrohling schnitzen.

Säge mit der Astsäge ein Stück Ast zurecht und schäle die Rinde komplett ab.

1

Runde eine Seite des Aststückes mit feinen Schälschnitten ab – das wird der Kopf.

2

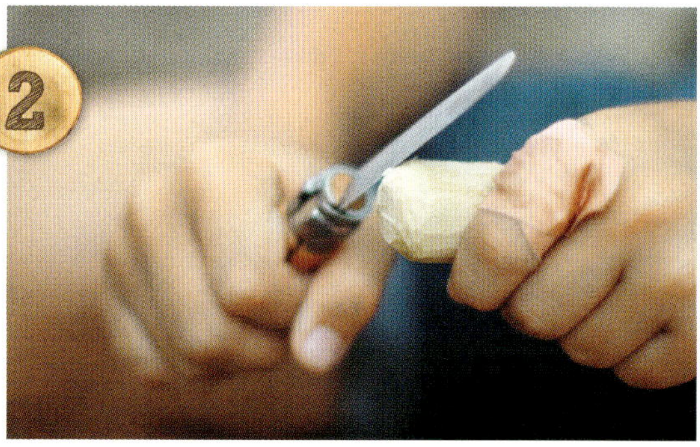

Um den Kopf vom Körper abzugrenzen, schnitzt du jetzt eine breite Kerbe unterhalb des Kopfes um den Ast herum. Dabei vorne einen kleinen Bereich nicht einkerben, um später an dieser Stelle den Schnabel aufmalen zu können.

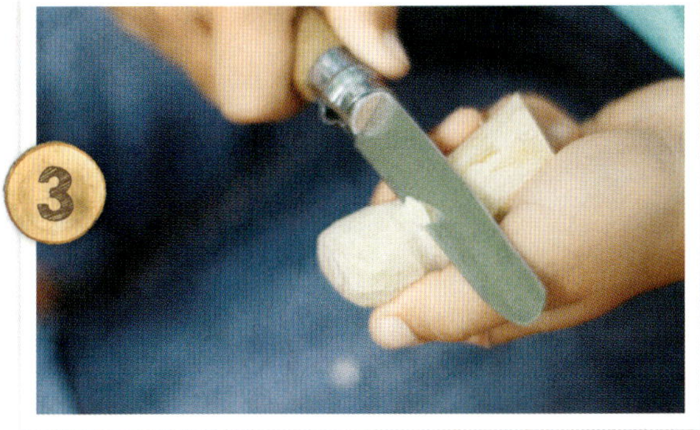

Male deinen Pinguin schwarz an; lass aber am unteren Rand einen schmalen Streifen unbemalt, damit du die Holzfigur beim Bemalen gut greifen kannst und sich deine Finger nicht färben. Lass die Farbe gut trocknen.

Jetzt malst du ein weißes Gesicht und einen weißen Bauch auf. Die weiße Fläche platzierst du dabei so, dass der Bereich ohne Kerbe in der Mitte liegt. Lass die Farbe wieder trocknen. Zuletzt malst du zwei schwarze Punkte als Augen und ein orangefarbenes Dreieck als Schnabel auf.

Tipp

Das Gesicht des Pinguins (oder anderer Figuren) wirkt besonders lebendig, wenn du Lichtreflexe in die Augen malst. Einfach in jede Pupille einen ganz kleinen weißen Punkt setzen.

SCHIFFCHEN

Ob auf hoher See oder im flachen Schüsselchen – diese Schiffchen gehen überall auf große Fahrt.

Schneide in ein Ende eines Aststückes eine kleine Kerbe. Stelle das Aststück senkrecht auf eine stabile Unterlage und drücke die Klinge deines Schnitzmessers von oben ins Holz. Du kannst dabei auf den Rücken der Klinge drücken und das Messer wie ein kleines Beil verwenden. Auf diese Weise kannst du frisches Holz gut spalten.

Bohre mit dem Kastanienbohrer in die Mitte des halbierten Holzstückes ein Loch. Das muss nicht ganz durch das Holz hindurchgehen – nur gerade so weit, dass du später den Stiel eines Blattes als Segel hineinstecken kannst.

Freunde oder große Brüder können dir dabei helfen, wenn es dir zu schwierig ist.

Spitze beide Enden deines Schiffchens zu. Verwende hierzu feine Schälschnitte. Je dünner die Holzspäne sind, die du abschälst, desto leichter geht es!

3

Suche dir ein gerade gewachsenes Blatt und kürze den Stiel auf etwa 5 mm Länge. Stecke den Stiel in das zuvor gebohrte Loch: Das ist das Segel des Schiffchens!

4

Tipp

Wenn das Loch einen größeren Durchmesser hat als der Blattstiel, kannst du ein ganz dünnes Ästchen mit dazustecken und das Blatt auf diese Weise doch noch befestigen!

Ein spannender Moment: Wie gut wird das Schiffchen schwimmen? Jetzt wird es zu Wasser gelassen. Ahoi!

PFEIL UND BOGEN

Mit Pfeil und Bogen zu schießen, macht viel Spaß – wenn du ein paar Grundregeln beachtest. Mit etwas Geschick und Übung trifft dein Pfeil bestimmt genau in die Mitte der Zielscheibe!

Für den Bogen brauchst du einen geraden (oder ganz leicht gebogenen) Stecken, der keine großen Astansätze aufweisen sollte. Er sollte etwa so lang sein wie der Abstand zwischen deinen ausgestreckten Armen: von den Fingerspitzen der einen Seite zu den Fingerspitzen der anderen Seite. Um ihn zu biegen, solltest du kräftig drücken müssen – er darf also nicht zu dünn sein!

Schneide alle kleinen Ast- und Blattansätze glatt ab.

Schäle an beiden Enden die Rinde ab …

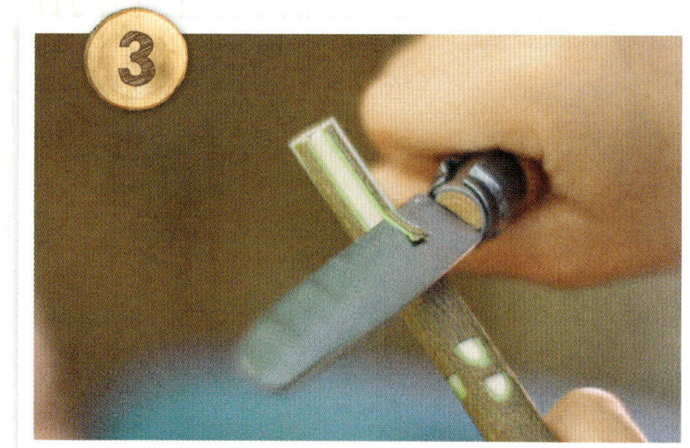

… und schnitze, ebenfalls an beiden Enden, rund um den Ast eine Kerbe ein.

Jetzt brauchst du eine reißfeste Kordel; sie sollte doppelt so lang sein wie dein Bogenholz.

Knote die Mitte der Kordel in eine der Kerben an deinem Bogen.

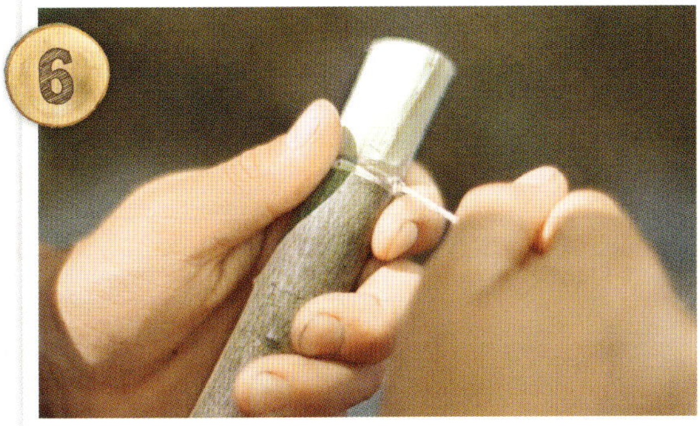

Die beiden Kordelenden musst du jetzt fest miteinander verdrehen. Dabei ist es wichtig, immer etwas Zug auf der Schnur zu haben, damit die Fäden sich beim Loslassen nicht verknäulen. Die Schnur wird durch das Verdrehen nicht nur stabiler, sondern auch etwas kürzer, was für die nötige Spannung der Bogensehne sorgt, wenn du sie später aufspannst.

Knote eine Schlaufe in das Ende deiner ineinander verdrehten Schnur und ziehe sie über das zweite Bogenende, bis sie in die Kerbe rutscht. Dazu musst du deinen Bogen mit ziemlich viel Kraft biegen.

Tipp

Bei fast allen Ästen geht das in eine Richtung besser als in die andere. Probiere aus, bei welcher Seite es besser klappt, und biege deinen Bogen in diese Richtung.

Jetzt brauchst du noch Pfeile. Schnitze sie aus geraden Stecken, die ein Stück länger sind als der Abstand zwischen Bogen und Bogensehne beim Spannen. Eine Seite wird angespitzt …

… und in die andere eine Kerbe geschnitten. Natürlich kannst du deine Pfeile auch noch nach Wunsch verzieren, um sie unter anderen Pfeilen immer wiederzufinden.

Auch deinen Bogen kannst du noch verzieren und zum Beispiel im Griffbereich die Rinde abschälen.

Und dann kannst du mit den Schießübungen beginnen! Male dir hierfür eine Zielscheibe auf ein Stück Karton und binde ihn an einen Baum.

12

Lege dann die Bogensehne in die Kerbe deines Pfeils. Nun spannst du den Bogen (ziehst ihn nach hinten), zielst …

13

… und lässt los! Achte darauf, dass keine Menschen und Tiere in Flugrichtung des Pfeils in der Nähe sind! Und mach dir keine Sorgen, falls dein Pfeil beim ersten Mal nicht ins Schwarze trifft. Du brauchst schon etwas Übung, um das Bogenschießen zu erlernen.

14

Tipp

Eventuell musst du deine Bogensehne nach einer Weile etwas nachspannen. Ziehe hierfür auf einer Seite des Bogens eine Schlaufe (Schnur) aus der Kerbe, verkürze sie durch einige Knoten und ziehe die Schlaufe wieder in die Kerbe zurück.

STOCKGESICHT

Erinnert dich ein Stock mit einem abzweigenden Ast auch manchmal an ein Gesicht? Dann leg gleich los: Mache es für alle sichtbar!

Suche dir einen langen Ast mit einem abzweigenden, kurzen „Nasenstück“ und schäle jeweils ein Stück über und unter der Verzweigung die Rinde ab; wenn du gerade Anfangs- und Endkanten haben möchtest, schneide die Rinde vorher einmal rundherum ein.

1

Schneide mit feinen Schälschnitten nach und nach viele schmale Rindenstreifen in dem zuvor begrenzten Bereich herunter. Auch das Nasenstück solltest du von Rinde befreien.

2

So sieht nun der rindenfreie Gesichtsbereich aus.

3

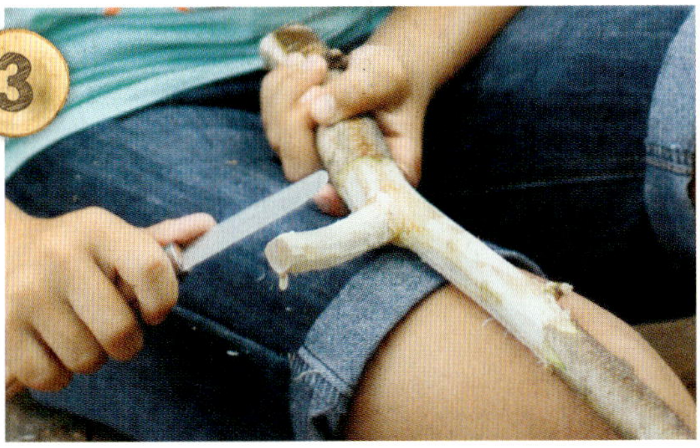

Runde nun die Spitze der Holznase etwas ab.

4

Wenn du magst, kannst du unterhalb der Nase eine Kerbe als Mund in den Ast schnitzen. Falls das Holz hierfür zu hart ist, kannst du den Mund aber auch später einfach nur aufmalen.

5

Bemale dein Stockgesicht ganz bunt, mit Augen, Mund, Stirnband – so wie du magst. Eine geringelte oder gepunktete Nase? Kein Problem!

6

Wem sieht das fertige Stockgesicht ähnlich?

7

Tipp

Das Stockgesicht könnte – wenn man es an die Wand hängt – auch als Kleiderhaken genutzt werden. Verwende dann wasserfeste Farben (z. B. Acrylfarben) zum Bemalen!

SCHLEUDER

Für eine Schleuder (Zwille) brauchst du einen stabilen Ast mit einer gleichmäßig dicken Verzweigung (Astgabel). Manchmal dauert es etwas länger, bis du so einen Ast im Wald findest. Aber mit etwas Geduld klappt es bestimmt!

Verziere den Griff deiner Schleuder, indem du ein Muster in die Rinde schnitzt oder sie ganz abschälst. So erkennst du sie immer wieder.

Schnitze rund um die beiden oberen Enden herum jeweils eine Kerbe.

Jetzt benötigst du ein geschlossenes Gummiband. Es sollte etwas kürzer sein als der Abstand zwischen den beiden Kerben. Außerdem sollte es möglichst breit und stabil sein. Lege das Gummiband so vor dich hin, dass zwei Schlaufen („Hasenohren“) entstehen …

… und greife von oben in die Schlaufen („Ohren“) hinein.

Auf diese Weise entsteht eine Schlaufe, …

5

… die du über eine Spitze deiner Astgabel legen und in der Kerbe festziehen kannst.

6

Befestige die zweite Seite des Gummibandes auf die gleiche Weise an der zweiten Spitze.

7

Mit einer Gartenschere kannst du kleine Holzscheibchen von einem Ast abschneiden und als „Munition" verwenden – auch Beeren und kleine Steinchen eignen sich dafür. Achte aber immer darauf, nicht auf Menschen oder Tiere zu schießen! Am besten zeigen dir deine Eltern den richtigen Umgang mit einer Schleuder.

8

Und jetzt geht's los: Eine Astscheibe oder Beere vor das Gummiband legen, das Band nach hinten ziehen und loslassen. Wer trifft das Ziel? Und wer kann am weitesten schießen?

9

Tipp

Eine Schleuder eignet sich auch prima für ein Dosen-Wettschießen!

MAIPFEIFE

Eine Maipfeife, auch Weidenpfeife genannt, kannst du nur im Frühjahr schnitzen, wenn die Äste besonders saftig und frisch sind.

Suche dir einen geraden Stecken, der keine Astansätze aufweist, und schneide ihn mit einer Astsäge oder einer Gartenschere vom Baum. Er sollte etwa 15 mm dick sein und mindestens 15 cm lang. Lass dir eventuell von einem Erwachsenen helfen.

Schneide die Rinde mit etwa 5 cm Abstand zum Astende hin ringsherum zweimal parallel ein.

Schneide dann den Ring zwischen den Einschnitten ein …

… und löse die Rinde dazwischen ab. Du merkst jetzt, ob dein Holz wirklich frisch genug ist. Die Rinde sollte sich einfach abziehen lassen.

Schräge nun mit Schälschnitten die Unterseite des Mundstücks (lange Seite) ab. Beginne mit einem sehr kleinen Schnitt …

… und vergrößere ihn, indem du immer weiter sehr feine Scheibchen abschneidest.

Achte darauf, eine leichte Rundung zu formen – wie beim Mundstück einer Blockflöte.

Schneide nun auf der anderen Seite des Astes etwas unterhalb des Mundstückansatzes einmal gerade in das Holz hinein.

Schnitze mit feinen Schnitten eine kleine, einseitig schräge Kerbe zu diesem Einschnitt hin ins Holz. Diese Kerbe ergibt später das Luftloch für den Ton beim Hineinblasen. Es darf nicht zu tief sein.

Jetzt brauchst du ein wenig Geduld und Kraft: Schlage mit einem zweiten Stecken rundum auf das Holz des Flötenoberteils. Du darfst keine Stelle vergessen!

→

Schlage so lange weiter, bis du die Rinde an einem Stück ganz vom Kern des Astes abziehen kannst. Das dauert etwas! Lass dich nicht entmutigen, wenn es beim ersten Abziehversuch noch nicht klappt.

11

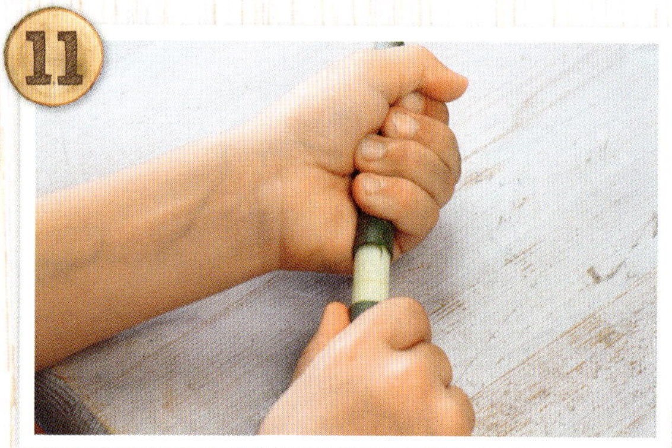

Deine Flöte besteht jetzt aus zwei Teilen.

12

Vom Innenteil schneidest du genau dort, wo du zuvor den geraden Schnitt für das Luftloch angesetzt hattest, ein Stück ab.

13

Das abgetrennte Innenteil des Mundstücks muss jetzt noch etwas weiterbearbeitet werden.

14

Schneide an der Oberseite einen feinen Streifen ab – so kannst du später in deine Flöte hineinblasen.

15

Jetzt setzt du die drei Teile deiner Flöte wieder zusammen.

16

Zuerst steckst du das Innenteil des Mundstücks wieder in die Rindenhülle.

Die Kanten der abgeschnitzten Unterseite müssen exakt übereinanderliegen.

Nun kannst du in den unteren Teil der Rinde, der noch fest am Stecken sitzt, ganz nach Wunsch Muster einschnitzen. Zuletzt steckst du auch dieses große Innenteil wieder von unten in die abgezogene Rinde hinein.

Jetzt ist es so weit: Wie klingt deine Pfeife, wenn du hineinbläst? Du kannst die Tonhöhe ein klein wenig verändern, indem du das Innenteil weiter oder weniger weit ins Oberteil hineinsteckst.

Noch ein Hinweis zum Schluss: Deine Maipfeife wird nach einer Weile eintrocknen und nicht mehr pfeifen. Die Rinde zieht sich dann fest um den Kern herum zusammen und reißt ein. Aber nicht ärgern: Schnitze dir einfach im nächsten Jahr eine neue!

MESSER UND GABEL

Was gibt es Schöneres, als im Frühling draußen zu picknicken? Schnitz dir hierfür einfach schon mal ein Messer und eine Gabel. Dann schmeckt es noch mal so gut...

Messer

Schneide dir aus einem Ast ein passendes Stück zu und schneide genau in der Mitte einmal rundherum in das Holzstück ein. Schäle von einer Hälfte die Rinde ab.

Schnitze nun mit vielen feinen Schälschnitten dieses geschälte Stück Holz von oben und von unten so lange ab, bis nur noch ein dünner Steg, etwa 3 bis 5 mm dick, übrig ist.

Runde nun die Vorderkante des Messers ab.

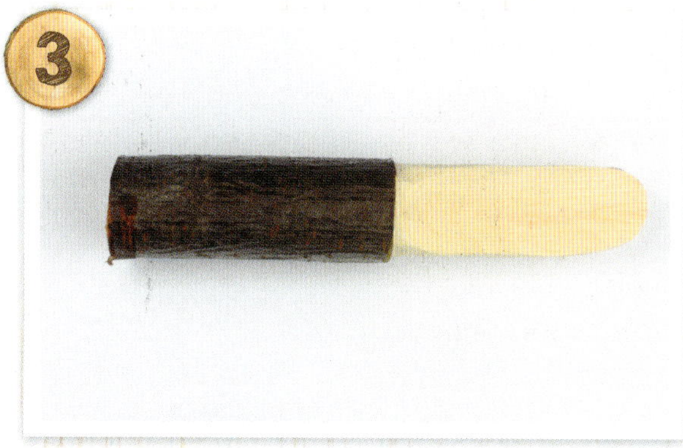

Zuletzt schnitzt du die Schneidekante deines Messers ganz vorsichtig noch etwas dünner – bis das Messer richtig scharfkantig ist.

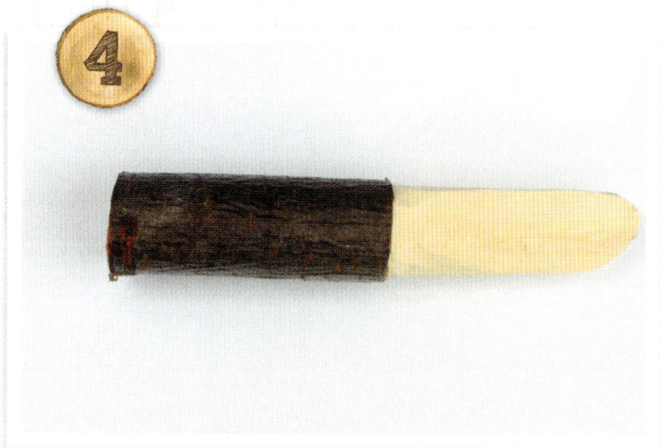

Gabel

1 Schneide dir – wie oben beim Messer (siehe Schritt 1 und 2) – aus einem Ast ein passendes Stück zu, entferne vorne die Rinde und flache das Stück von oben nach unten ab.

Schnitze nun eine Kerbe von vorne in die Mitte dieses Stegs.

2

Spitze dann die beiden Zinken deiner Gabel noch an.

3

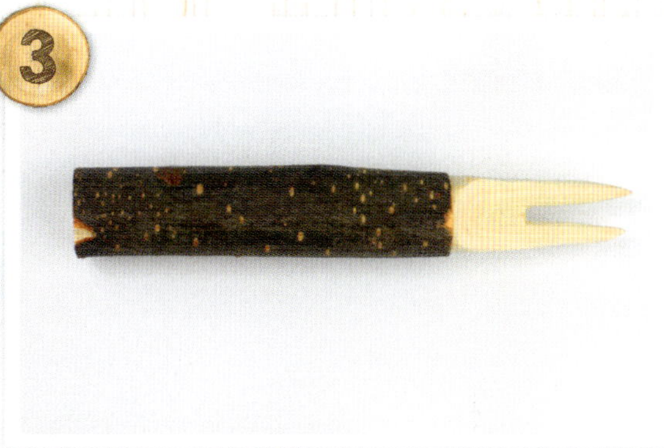

Tipp

Wenn du bei der Gabel am inneren Ende deinen Steg noch weiter verfeinern möchtest, er an der Spitze aber schon dünn genug ist, arbeite mit der Daumendruck-Technik. Hierbei drückst du mit beiden Daumen auf die Klingenrückseite. Damit hast du mehr Feingefühl beim Schnitzen und schneidest nicht so schnell etwas ab.

Auch für sehr feine Schnitte, zum Beispiel beim Abrunden oder Zuspitzen der Enden, kannst du diese Technik anwenden.

EULEN

Eulen sind einfach zu schnitzen, und du kannst sie hinterher bunt bemalen. So wird jede zu einem Unikat!

Besorge dir ein Stück Balsaholz (3 cm dick, 3 cm breit, 6 cm lang) und runde die nach hinten zeigende Kante ab.

Auch die senkrechten Kanten links und rechts der abgerundeten Oberkante schnitzt du mit Schälschnitten rund (= Rückseite der Eule).

Schnitze nun von vorne (etwas oberhalb der Mitte) – jeweils zur Seite hin – je eine Kerbe ein …

… und runde darunter die vorderen senkrechten Kanten wieder ab.

Schnitze von oben mittig noch eine weitere Kerbe ein.

Zuletzt schälst du vom Gesicht der Eule ein paar feine Schichten ab, sodass der Bauch etwas weiter vorsteht als der Kopf.

Jetzt ist dein Eulenrohling fertig geschnitzt. Und du kannst ihn bemalen.

Tipp

Du kannst auch eine Eule aus einem Stück Grünholz arbeiten. Schnitze dazu die Rinde ab – lass aber an zwei gegenüberliegenden Seiten je ein Dreieck als Flügel stehen. Schnitze dann oben mittig eine Kerbe ein und male Augen, Schnabel, Ohren und Federn auf.

KÄFER

Diese sympathischen kleinen Krabbeltierchen dürfen bestimmt in deinem Zimmer wohnen.

Besorge dir ein rechteckiges Stück Balsaholz (3 cm dick, 3 cm breit, 5 cm lang; Faserverlauf von vorne nach hinten) und runde alle senkrechten Kanten ab.

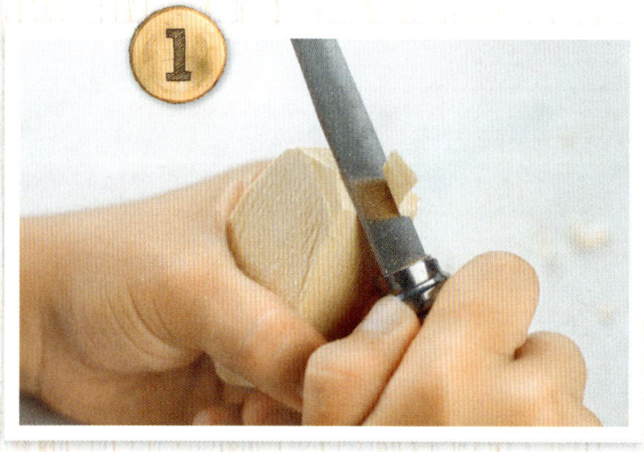

Mit weiteren Schälschnitten rundest du anschließend auch die oberen Kanten rundum zu den Seiten hin ab.

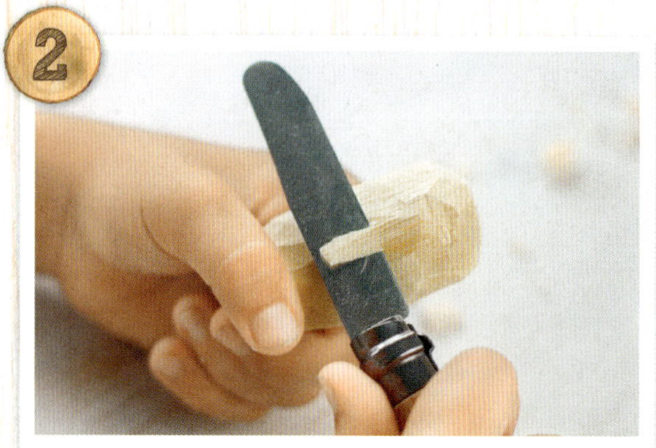

Um Kopf und Körper herauszuarbeiten, schnitzt du nach einem Drittel des Holzstücks von oben und den Seiten eine durchgehende Kerbe ein.

Mit einer weiteren Kerbe, die du oben auf dem längeren Teil einschnitzt, kannst du zwei Flügel andeuten.

Wenn du magst, kannst du jetzt noch sechs kleine Metallhäkchen als Beine in das Holz schrauben – drei von jeder Seite. Beim weichen Balsaholz geht das ganz einfach – du musst keine Löcher vorbohren.

So sieht dein Käfer nun aus! Wenn du magst, kannst du den Käfer noch bemalen.

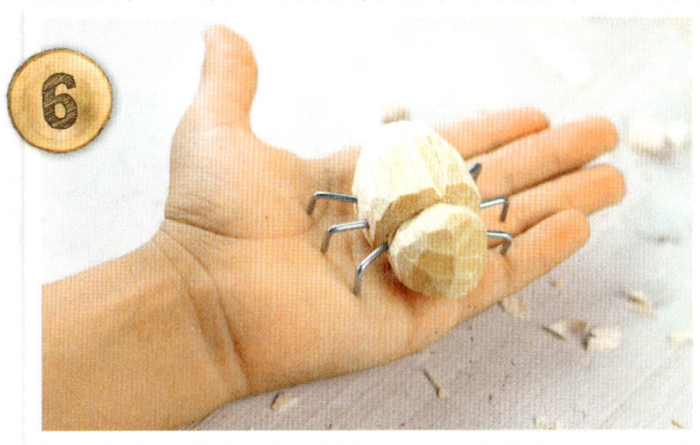

Tipp

Auch aus einem Aststückchen (Grünholz) kannst du ein Käferchen schnitzen. Für Beine und Fühler schneidest du dir mehrere sehr dünne Ästchen zurecht und spitzt sie jeweils an einem Ende an. Bohre mit dem Kastanienbohrer Löcher in dein geschnitztes Käferchen und stecke die dünnen Ästchen hinein. Da die Ästchen beim Trocknen schnell wieder abfallen, fixierst du sie am besten mit einem Tropfen Klebstoff.

SCHNECKE

Schnecken sind zwar langsam, aber sie sehen mit ihrem großen runden Haus faszinierend aus! Was möchtest du schnitzen? Eine Garten- oder eine Rennschnecke?

Für eine Schnecke benötigst du ein 3 cm dickes, 5 cm breites und 6 cm langes Stück Balsaholz (Faserverlauf von vorne nach hinten). Male darauf von beiden Seiten in eine Ecke einen Kreis mit 4 cm Durchmesser (als Schablone kannst du einen kleinen runden Deckel verwenden). Dies ist das Schneckenhaus. Schnitze zuerst die kleine Ecke über dem Kreis ab, und zwar über die gesamte Dicke des Holzes.

1

Runde anschließend auch die gegenüberliegende Kante ab.

2

Hier ist die Grundform schon zu erkennen. Folge der aufgemalten Linie (Rundung) weiter und schnitze hinten …

3

… und nach vorne zum Kopf hin jeweils eine Kerbe ins Holz.

Schnitze den Körper der Schnecke – also alles außerhalb des aufgemalten Kreises – auf beiden Seiten etwas schmaler. Schneide dazu entlang der aufgemalten Linie ins Holz und schäle dann von außen dünne Späne ab.

Nun rundest du mit feinen Schnitten die Kanten des runden Schneckenhauses überall ab. Auch den Schneckenkörper kannst du noch nacharbeiten und beispielsweise hinten sowie am Kopf abrunden.

Stecke als Fühler kleine Nägelchen oben in den Kopf. Den Griff deines zugeklappten Schnitzmessers kannst du dabei als kleinen Hammer verwenden.

Und so sieht die fertig geschnitzte Schnecke aus! Wer mag, kann sie noch bemalen.

HERZ

Wenn du jemandem eine besondere Freude machen möchtest, kannst du ihm ein selbst geschnitztes Herz schenken. Übe vorher die Schnitzschnitte am besten an einer Kartoffel, dann ist es anschließend leichter, ein Herz aus einem Stück Holz zu schnitzen.

Herz aus einer Kartoffel

Setze dich stabil hin und schneide zuerst eine große Kartoffel quadratisch zu. Schnitze dann an einer Seite zwei Ecken rund.

Die beiden Senkrechten unterhalb der abgerundeten Ecken schneidest du nun von beiden Seiten so ab, dass unten eine Spitze entsteht. Auch wenn sich die Kartoffel wesentlich besser schneiden lässt als Holz und du vielleicht größere Stücke abschnitzt, musst du auf deine Handhaltung achten. Die Finger der haltenden Hand müssen die Kartoffel immer außerhalb der Schnittrichtung greifen!

Oben in die Mitte schnitzt du nun eine ganz kleine Kerbe ein, …

3

… vergrößerst sie dann und …

4

… rundest die Kanten ab.

5

Bedenke immer: Was du abgeschnitzt hast, kannst du nicht wieder anfügen!

6

Anleitung „Herz aus Holz“ auf den Seiten 56/57.

Herz aus Lindenholz

Besorge dir ein Stück Lindenholz, das etwa 2,5 cm dick, 4 cm breit und 4 cm lang ist. Die Maserung sollte von unten nach oben verlaufen. Das Schnitzen mit Lindenholz ist etwas zeitaufwendiger als mit Balsaholz, da das Holz viel härter ist. Schnitze deshalb immer besonders kleine und dünne Späne ab. Beginne damit, eine der beiden oberen Ecken abzurunden.

Dann rundest du auch die zweite Ecke ab.

Die beiden Senkrechten unterhalb der abgerundeten Ecken schälst du nun von beiden Seiten so ab, …

… dass unten eine Spitze entsteht.

Runde nun alle Kanten ab und schnitze auch von vorne und hinten spitz zur Mitte hin.

Oben in die Mitte schnitzt du nun eine Kerbe ein und rundest auch die zu den Seiten hin ab.

Fertig ist dein geschnitztes Herz. Wer mag, kann das Herz noch schön bemalen!

Tipp

Wenn du schmalere oder breitere Holzstücke verwendest, sehen die Herzformen etwas anders aus. Probiere einfach aus, was dir gefällt!

VÖGELCHEN

Für dieses niedliche, aufgeplusterte Holzvögelchen übst du die Schnitzschnitte am besten zuerst an einem Stück Kohlrabi.

Vögelchen aus Kohlrabi

Schneide zuerst einen Kohlrabi quadratisch zu. Lass dir dabei eventuell von einem Erwachsenen helfen. Runde dann zwei Ecken von dem Kohlrabistück ab.

Schneide nun von oben eine Kerbe ein. Beim Schnitzen mit Gemüse geht das mit zwei Schnitten, während du beim Arbeiten mit Holz viele kleine Schnitte benötigst, um voranzukommen.

Den Kopf an der Kerbe nach vorne hin abrunden und den Schnabel zuspitzen. Fertig. Ein solches Vögelchen kannst du auch mit einem kleinen Obstmesser schnitzen und als essbare Deko für einen Kindergeburtstag verwenden!

Tipp

Auch andere Modelle kannst du natürlich prima aus einem Stück Kohlrabi (oder auch aus einer großen Kartoffel) zur Probe schnitzen. Lass dir eventuell von einem Erwachsenen helfen, ein quadratisches Stück in entsprechender Größe vorzubereiten, und folge dann einfach der Anleitung des entsprechenden Modells.

Anleitung „Vögelchen aus Holz" auf den Seiten 60/61.

Vögelchen aus Lindenholz

1 Besorge dir ein Stück Lindenholz; es sollte etwa 2,5 cm dick, 4 cm breit und 4 cm lang sein. Die Faserrichtung des Holzes sollte von vorne nach hinten verlaufen.

Schnitze zunächst die beiden unteren Ecken des Holzstückes rund ab.

2

Schnitze dann in die gerade, obere Kante eine Kerbe, um Kopf und Schwanz deines Vögelchens herauszuarbeiten. Fang erst klein an …

3

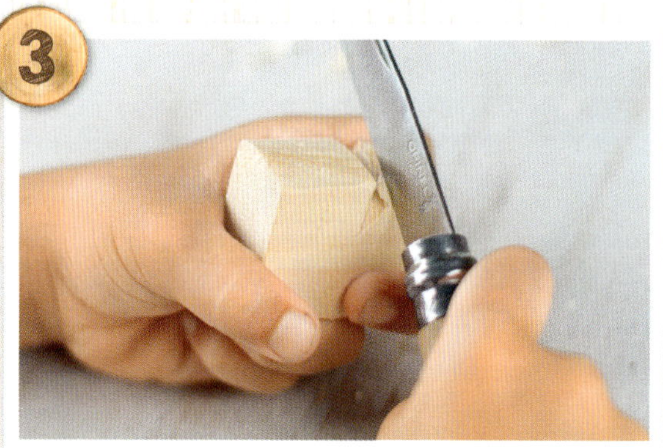

… und vergrößere die Kerbe dann etwas.

4

Runde die Schnittkante der Kerbe nach vorne zum Kopf hin ab.

5

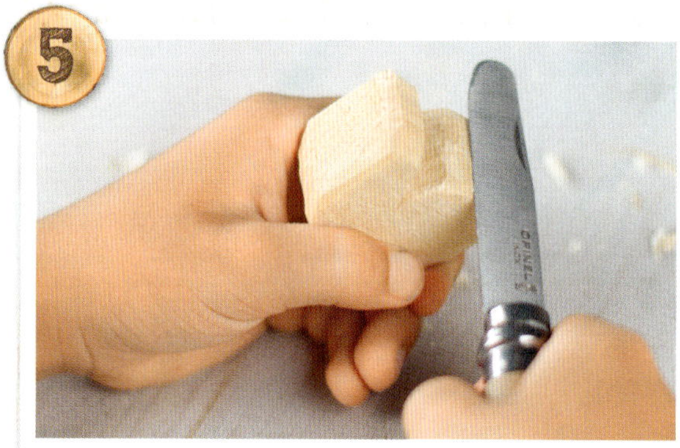

Jetzt ist die Grundform schon gut zu erkennen.

6

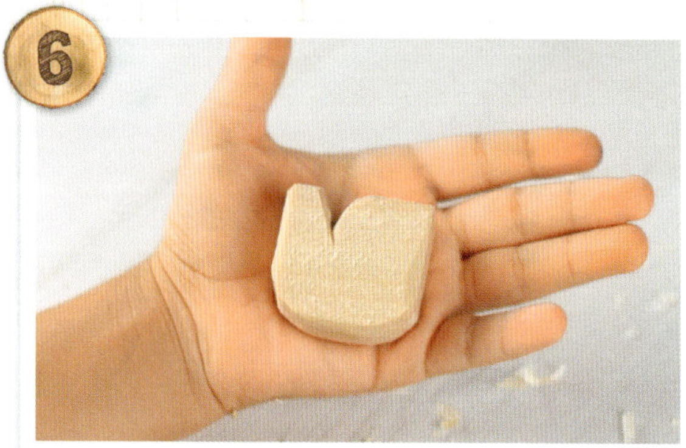

Damit dein Vögelchen einen spitzen Schnabel erhält, schnitzt du die vordere Kante nach oben hin spitz zu.

7

Der Schnabel ist nun deutlich zu erkennen.

8

Nun rundum alles etwas abrunden – und das Vögelchen ist fertig!

9

10 Wer mag, kann den Rohling anschließend noch bemalen.

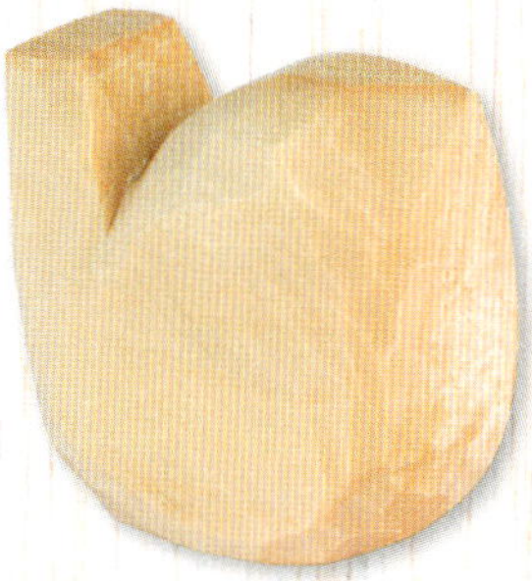

FANTASIEFIGUREN

Diese kleinen Fantasiefiguren können dir auf deinem Schreibtisch Gesellschaft leisten – als fröhliche Alltagsbegleiter! Da es nicht so einfach ist, eine menschliche Figur aus einem kleinen Holzstück zu schnitzen, solltest du es zuerst an einem größeren Stück Kork ausprobieren.

Figuren aus Kork

Besorge dir im Baumarkt einen „Schleifblock" aus Kork. Schneide in der Mitte zwei gegenüberliegende Kerben in den Korkblock; damit wird der Kopf vom Bauch getrennt.

1

Verbinde diese Kerben dann noch über die Seiten hinweg miteinander (also rundherum). Schnitze auf diese Weise noch eine weitere Kerbe rund um den ganzen Korkblock, und zwar mit etwa 1,5 cm Abstand zur Unterkante; dies stellt die Trennlinie zwischen Bauch und Füßen dar.

2

Schnitze von unten an drei Seiten den Kork bis zur Kerbe ab. Die vierte Seite lässt du stehen, das sind die nach vorne weisenden Füße. Ab jetzt hat deine Figur also eine Blickrichtung!

3

Rechts und links schnitzt du jetzt die Arme. Schneide dazu zwei senkrechte Kerben in den mittleren Bauchbereich und schnitze den Kork davor und dahinter ab. Trenne dann die beiden Füße durch eine Kerbe im unteren Teil ab – mittig von vorne.

4

Jetzt fehlt noch die Frisur. Schnitze von oben zackige Kerben ein oder runde den ganzen Kopf ab – es gibt unzählige Möglichkeiten.

5

→

Bevor du das Gesicht aufmalst, kannst du mit kleinen Blättchen oder Papierstückchen ausprobieren, wo die beste Position für die Augen ist. Hast du die optimale Position gefunden, male die Augen mit Stiften oder mit dem Pinsel auf.

6

Tipp

Du kannst auch die ganze Figur bemalen! Alle Farben, die du auf Holz verwenden kannst, sind auch für Kork geeignet.

Figuren aus Lindenholz

Schnitze etwa in die Mitte eines Lindenholzquaders (3 cm dick, 3 cm breit, 4 cm lang; Faserrichtung von oben nach unten) eine Kerbe – einmal rundherum (Kopf/Bauch). Beginne dabei mit sehr kleinen Kerben und erweitere sie nach und nach. Wenn du immer nur feine Späne abschneidest, geht es sehr einfach.

1

Eine zweite rundum laufende Kerbe schneidest du mit etwa 1 cm Abstand zur Unterkante ein (Bauch/Füße) und schnitzt anschließend mit feinen Schälschnitten von unten drei Seiten bis zu dieser Kerbe ab. Die vierte Seite lässt du stehen, das sind die nach vorne weisenden Füße. Ab jetzt hat deine Figur also eine Blickrichtung!

2

Rechts und links markierst du die Arme: Schnitze zwei senkrechte Kerben in den mittleren Teil (Bauch) und entferne das Holz davor und dahinter.

Schräge den Rücken zum Hals hin ab.

Trenne die beiden Füße durch eine kleine Kerbe vorne in der Mitte.

Jetzt rundest du noch alle Kanten etwas ab. Und dann ist die Grundfigur fertig!

7 Den Kopf und die Frisur deiner Figur kannst du ganz unterschiedlich gestalten. Abgerundet, mit Zackenfrisur oder so, wie du es magst. Zuletzt kannst du die Figur natürlich noch bemalen!

SCHILDKRÖTE

Wenn du eine etwas größere Figur schnitzen möchtest, dann ist Styrodur® ein ideales Material. Eins ist besonders wichtig: Du solltest zum Schnitzen ein sehr scharfes Messer verwenden!

Übertrage zuerst mit einem wasserfesten Stift die Vorlage (siehe Seite 71) auf die Oberseite eines 10 cm dicken, 10 cm breiten und 18 cm langen Styrodur®-Blocks. Schnitze dann alle Flächen außerhalb der aufgemalten Kontur senkrecht nach unten ab.

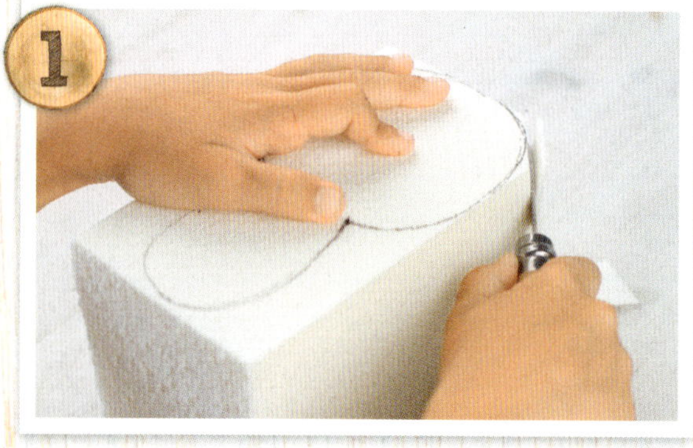

Schneide immer feine Späne ab und ziehe das Messer sehr sorgfältig durch das Material. Wenn du nur gerade nach unten drückst, erhältst du keine glatte Schnittfläche! Übe am besten vorab an einem Extrastück Styrodur®, wie sich das Material bei verschiedenen Schnitten verhält. Schnitze rundum alles überschüssige Material weg.

Schneide nun eine Kerbe unten quer über den Halsbereich …

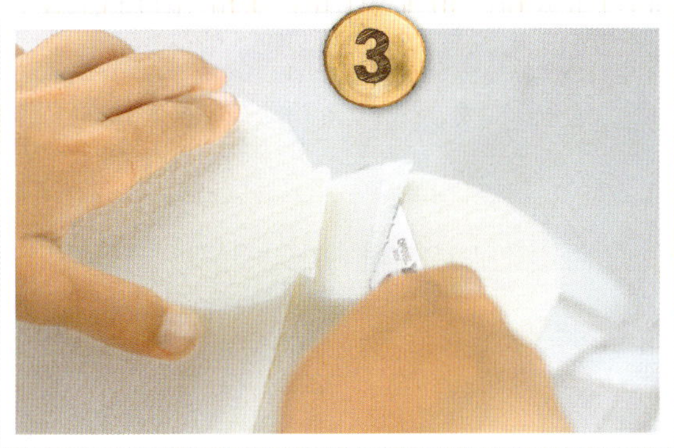

… und schnitze das Styrodur® im Kopfbereich etwa 3 cm weit ab.

Markiere nun die Bereiche, die für die Beinzwischenräume entfernt werden müssen.

Schneide in die äußeren Kanten jeweils eine Kerbe und erweitere sie anschließend nach innen. Schneide dann an den aufgemalten Kanten senkrecht nach unten ins Styrodur® ein. Wenn du dann vom Inneren der Kerbe aus auf diesen Schnitt zuschneidest, kannst du es stückweise herauslösen.

Vertiefe auf diese Weise nach und nach die Beinzwischenräume.

→

Schneide nun auch von oben eine Kerbe in den Halsbereich ein und schräge den Kopf nach vorne hin ab.

Runde zuletzt den Panzer, …

… die Beine und auch den Kopf ab.

So sieht nun der fertige Schildkrötenrohling aus!

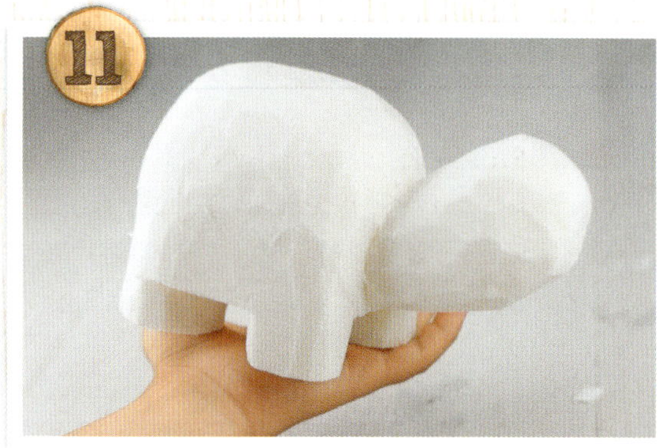

Hinweis

Sammle alle abgeschnitzten Styrodur®-Schnipsel in einer Kiste oder Tüte. Das Material lädt sich beim Schneiden statisch auf und klebt überall fest. Gleichzeitig ist es so leicht, dass es schon beim kleinsten Lufthauch davonfliegt. Deshalb lohnt es sich, hier besonders ordentlich zu sein. Da es ein Kunststoff ist, sollte das Material im Freien nicht liegen bleiben!

Schildkröte mit Papier umkleben (Kleistertechnik)

Um deine Schildkröte zu bekleben, kannst du nahezu jedes Papier verwenden. Zeitungspapier, Geschenkpapier oder auch Strohseide – die lässt sich besonders gut aufkleben. Reiße das Papier in deiner Wunschfarbe in Schnipsel.

1

Den Kleister anmischen: Fülle dazu ein Schraubdeckelglas zu zwei Dritteln mit Wasser und rühre drei Esslöffel Kleisterpulver hinein. Nach 15 Minuten noch mal gut umrühren. Nimm etwas Kleister mit den Fingern raus …

2

… und verteile ihn auf der Schildkröte. Lege dann einen Papierschnipsel darauf …

3

→

… und streiche ihn mit weiterem Kleister fest an die Form. Das Papier weicht dabei auf, sodass du es an den Kanten einfach eindrücken und umbiegen kannst. Wenn es reißt – kein Problem.

Klebe so viele Schnipsel auf, bis die gesamte Form bedeckt ist. Lass sie dann trocknen, bevor du weitere Details wie Panzereinzelteile anbringst.

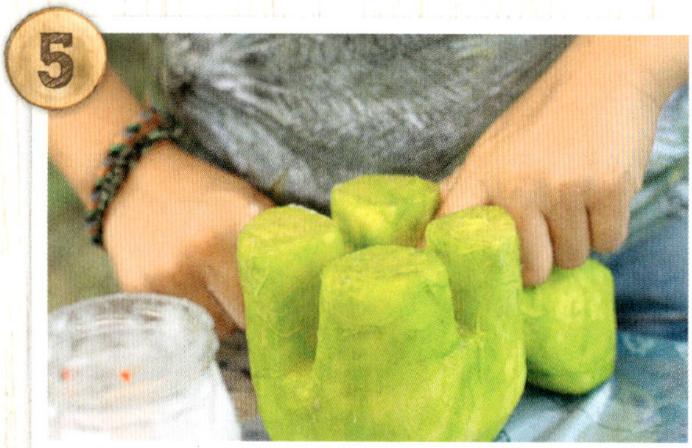

Du kannst auch Augen und Mund aus andersfarbiger Strohseide zuschneiden und auf die gleiche Weise mit Kleister befestigen.

Nun ist deine Schildkröte fertig!

Vorlage für die Schildkröte

PFERDCHEN

Wünscht du dir ein eigenes Pferdchen? Im Kleinen kannst du dir diesen Traum jetzt selbst erfüllen, indem du dir einfach eins schnitzt. Übe die Form zunächst an einem Stück Styrodur®.

Pferdchen aus Styrodur®

Übertrage die Vorlage auf ein 5 cm dickes, 12 cm breites und 12 cm langes Stück Styrodur®. Zeichne das Pferdchen mit einem wasserfesten Stift spiegelgleich auf beide Seiten auf.

1

Schnitze dann alle Flächen außerhalb der Kontur mit kleinen Schälschnitten nach und nach weg. Zuerst über dem Rücken. Beginne an der Kante und arbeite dich Scheibchen für Scheibchen bis zur Konturlinie vor. Arbeite an den Ecken mit Kerbschnitten: Schneide zuerst von einer Seite bis zur Ecke ein und löse das Styrodur® mit einem zweiten Schnitt von der anderen Seite aus heraus.

2

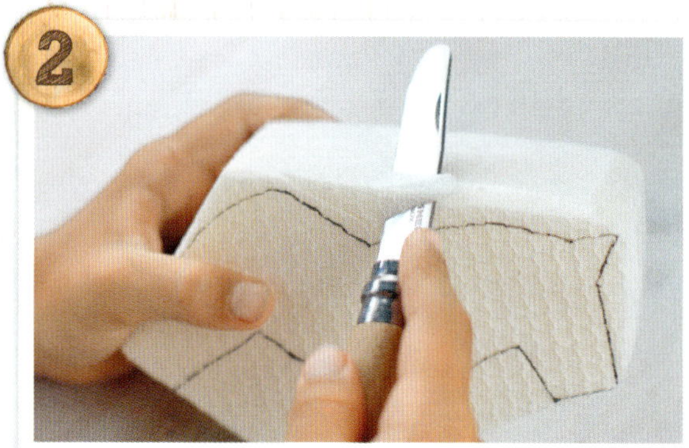

Schnitze auch die Fläche unterhalb des Kopfes heraus.

3

Um den Beinzwischenraum herauszuschnitzen, schneidest du zunächst von außen kleine Kerben ins Styrodur®, …

4

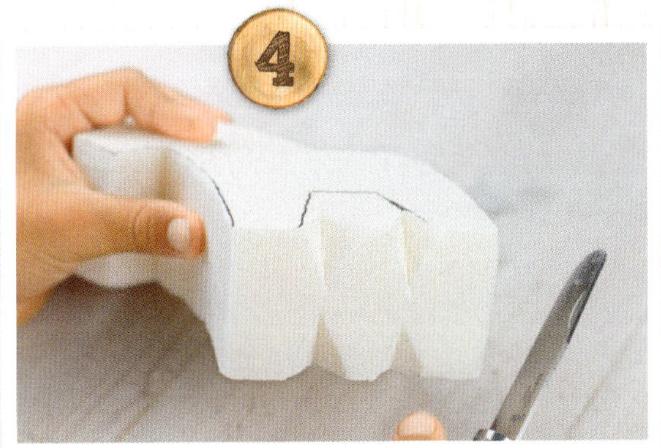

… verlängerst diese durch die komplette Fläche …

5

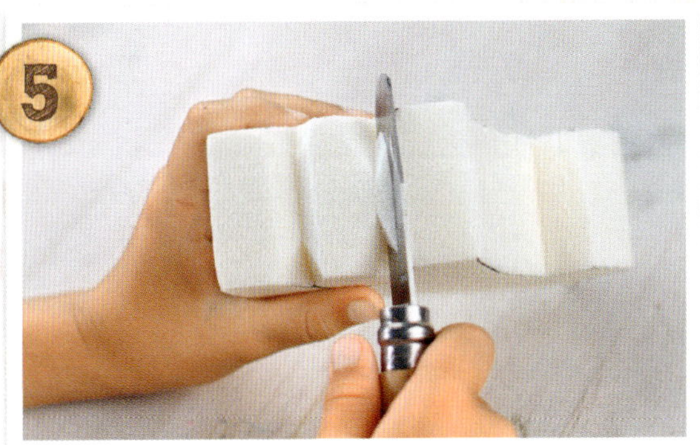

… und schälst dann Stück für Stück den Zwischenraum heraus heraus. Das ist nicht ganz einfach, da du das Messer beim Schneiden nicht einfach drehen kannst. Mit vielen kleinen Schnitten kommst du aber auch ans Ziel. Achte hier besonders darauf, nicht weiter als bis zur aufgezeichneten Linie ins Styrodur® zu schneiden.

6

Schnitze anschließend den Kopf nach vorne hin etwas schmaler.

7

Jetzt noch alle Kanten mit besonders feinen Schälschnitten abrunden. Damit ist das Pferdchen eigentlich fertig.

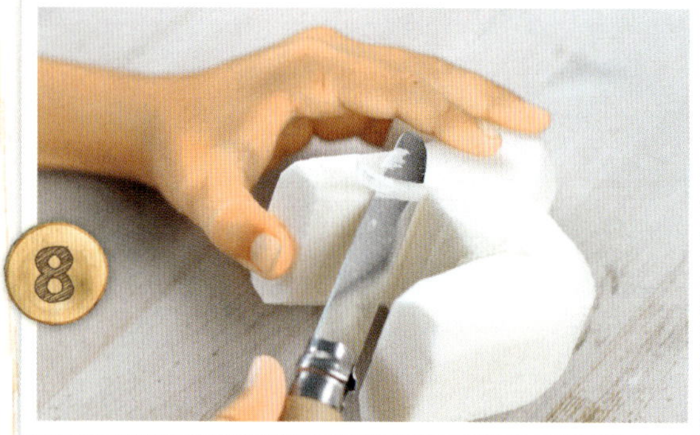

Wenn du magst, kannst du allerdings eine Besonderheit des Materials ausnutzen und die Oberfläche weiter glätten. Klappe dein Schnitzmesser ein und verwende die geschlossene, runde Seite des Griffs, um mit leichtem Druck über die Oberfläche des Styrodurs® zu streichen. Da es sich leicht eindrücken lässt, kannst du auf diese Weise weitere Kanten glätten.

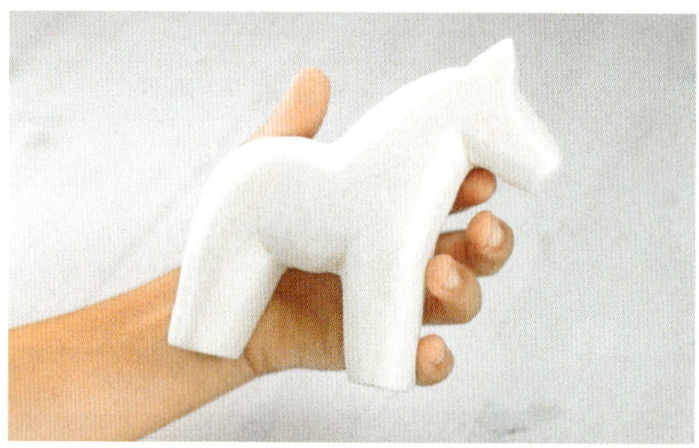

Um dein Pferdchen rundum anmalen zu können, kannst du von unten zwei dünne Holzstäbe (Schaschlikstäbe) in die Beine stecken. Daran kannst du es beim Bemalen gut festhalten.

Verwende am besten Acrylfarbe, die wird beim Trocknen wasserfest. So kannst du nachher noch Blümchen oder andere Verzierungen aufmalen, ohne die erste Farbschicht wieder aufzuweichen.

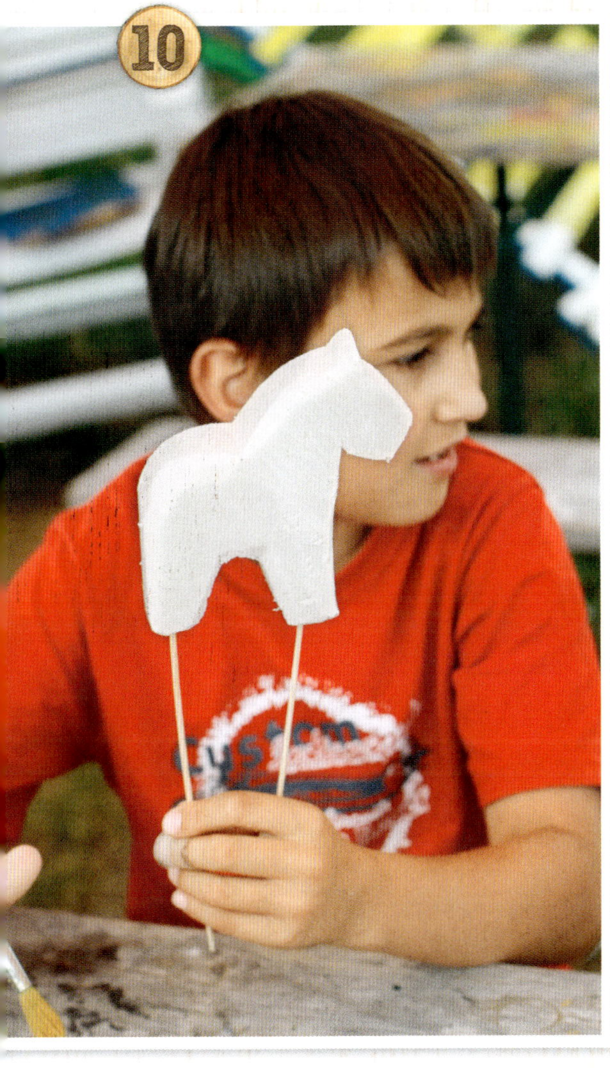

Anleitung „Pferdchen aus Lindenholz" auf den Seiten 76/77.

Pferdchen aus Lindenholz

Natürlich kannst du dein Pferdchen auch aus Holz schnitzen. Damit der Aufwand überschaubar bleibt, verkleinerst du dir die Vorlage hierzu auf eine Größe von 5 x 5 cm. Übertrage die verkleinerte Vorlage auf ein Stück Holz (2 cm dick, 5 cm breit, 5 cm lang). Schnitze mit sehr kleinen Kerb- und Schälschnitten die kompletten Flächen außerhalb der Konturlinie ab.

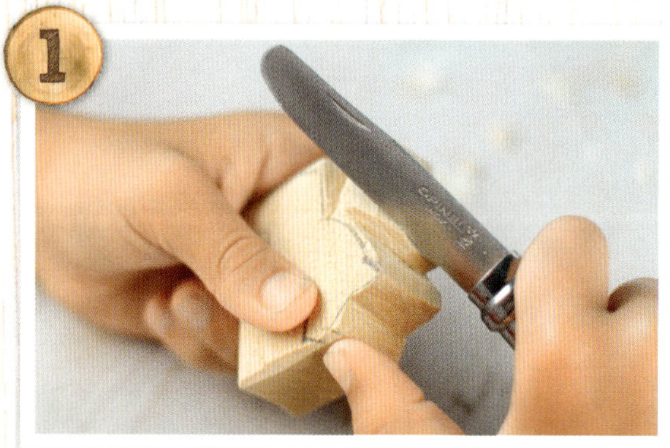

Je dünner die Stücke sind, die du abschälst, desto einfacher geht es!

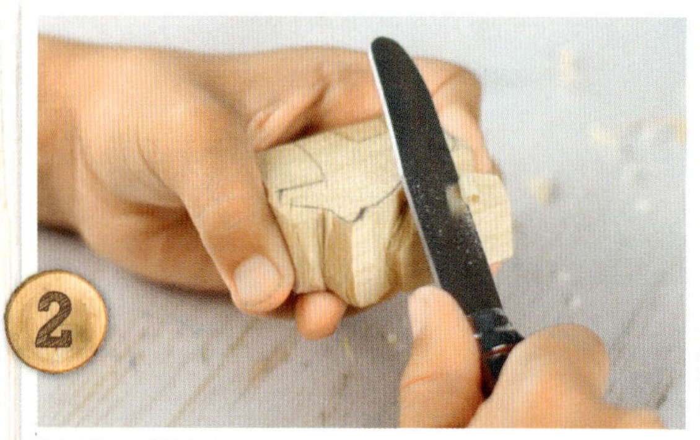

Schnitze für den Beinzwischenraum zunächst zwei Kerben am Anfang- und Endpunkt des Zwischenraums in die Unterseite.

Schneide immer abwechselnd rechts und links gerade an der Beininnenseite ins Holz und schnitze anschließend von schräg gegenüber kleine Stückchen aus dem Zwischenraum, ...

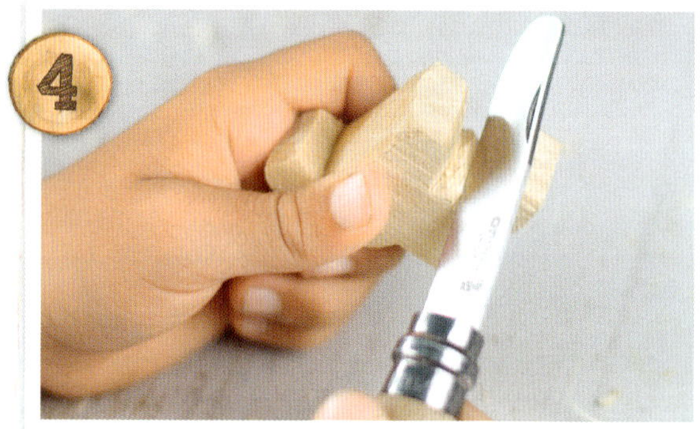

... bis zur aufgezeichneten Tiefe.

Beim Holzpferdchen kannst du den Zwischenraum anschließend mit Schleifpapier glätten.

Schnitze – wie beim Styrodur®-Pferdchen – den Kopfbereich etwas schmaler und runde alle Kanten ab. Anschließend kannst du dein kleines Pferdchen bunt bemalen.

Vorlage für das Pferdchen

IMPRESSUM

Fotos: Mareike Grün
Lektorat: Gisa Windhüfel, Freiburg
Gesamtgestaltung: GrafikwerkFreiburg
Repro: RTK & SRS mediagroup GmbH
Printed in Slovakia by Neografia Martin

★★★★★

Sind Sie mit diesem Titel zufrieden? Dann würden wir uns über Ihre Weiterempfehlung freuen. Erzählen Sie es im Freundeskreis, berichten Sie Ihrem Buchhändler oder bewerten Sie bei Onlinekauf. Und wenn Sie Kritik, Korrekturen, Aktualisierungen haben, freuen wir uns über Ihre Nachricht an Christian Verlag, Postfach 40 02 09, D-80702 München oder per E-Mail an lektorat@verlagshaus.de.

Unser komplettes Programm finden Sie unter

www.christophorus-verlag.de

 Autoren und Verlag haben alle Angaben und Anleitungen mit größtmöglicher Sorgfalt zusammengestellt. Dennoch kann bei Fehlern keinerlei Haftung für direkte oder indirekte Folgen übernommen werden. Stoffe, Materialien und Modelle können von den jeweiligen Originalen abweichen. Die bildliche Darstellung ist unverbindlich. Sollte dieses Werk Links auf Webseiten Dritter enthalten, so machen wir uns die Inhalte nicht zu eigen und übernehmen für die Inhalte keine Haftung.

In diesem Buch wird aus Gründen der besseren Lesbarkeit das generische Maskulinum verwendet. Weibliche und anderweitige Geschlechteridentitäten werden dabei ausdrücklich mitgemeint, soweit es für die Aussage erforderlich ist.

Die Deutsche Nationalbibliothek verzeichnet diese Publikation in der Deutschen Nationalbibliografie; detaillierte bibliografische Daten sind im Internet über http://dnb.d-nb.de abrufbar.

7. Auflage

in der Christian Verlag GmbH,
Infanteriestraße 11a,
80797 München

ISBN 978-3-8388-3583-9

Kreativ-Service

Sie haben Fragen zu den Büchern und Materialien? Frau Erika Noll ist für Sie da und berät Sie rund um alle Kreativthemen. Rufen Sie an! Wir interessieren uns auch für Ihre eigenen Ideen und Anregungen. Sie erreichen Frau Noll per E-Mail: **mail@kreativ-service.info** oder Tel.: **+49 (0) 5052/91 18 58** Montag bis Donnerstag: 9–17 Uhr / Freitag: 9–13 Uhr

Besuchen Sie uns im Internet: www.christophorus-verlag.de